Athletiktraining

mit dem

Pezziball

Athletiktraining

mit dem

Pezziball

Übungskatalog

Stefan Schurr

Herstellung und Verlag:

BoD - Books on Demand, Norderstedt

ISBN-13: 978-3-8370-9311-7

Inhaltsverzeichnis

Vorwort

Der Pezziball ist ein ideales Übungsgerät für das Training von *Kraft, Flexibilität* und *Koordination*. Die Belastungen für den Bewegungsapparat sind minimal und vor allem zur Stabilisierung von Rumpf und Wirbelsäule bietet er unzählige Übungsvarianten. Aber nicht nur da, er ist ebenso bestens für ein allumfassendes athletisches Training des gesamten Körpers geeignet!

In diesem Übungskatalog werden zahlreiche Trainingsmöglichkeiten aufgezeigt. Anhand der vielen bebilderten Beispiele lassen sich leicht selbständig individuelle Trainingsprogramme für jede Leistungskategorie zusammenstellen.

Athletiktraining

Das Athletiktraining spielt heutzutage in vielen Sportarten als sinnvolle Trainingsergänzung eine tragende Rolle. Hochleistungssportler machen es bereits seit längerer Zeit vor, aber auch Freizeit- und Breitensportler erkennen mehr und mehr die Bedeutung eines allumfassenden konditionellen Trainings. Daher kommt dem Athletiktraining als wichtigem Bestandteil dieser breit gefächerten Konditionierung auf jeder Leistungsstufe eine große Bedeutung zu. Die wichtigsten Gesichtspunkte sind dabei sicherlich:

- *Leistungssteigerung* in der Spezialsportart
- *Vergrößerung* der generellen *Belastbarkeit*
- *Verringerung* der *Verletzungsanfälligkeit*

Neben seiner Funktion als Ergänzungstraining läßt sich das Athletiktraining auch sehr gut im Rahmen eines allgemeinen Fitnesstrainings oder als Ergänzung zum Krafttraining im Fitnessstudio einsetzen. Und letztendlich kann ein gezielt eingesetztes Athletiktraining auch die Rehabilitation nach Verletzungen beschleunigen und den Sportler bei der schnellen Wiedererlangung seiner Leistungsfähigkeit wirkungsvoll unterstützen.

Athletiktraining kann und sollte ganzjährig betrieben werden. Für Leistungssportler liegt der Schwerpunkt dabei sicherlich in der allgemeinen Vorbereitungsperiode, in der die Grundlagen für den weiteren Saisonverlauf in der Spezialsportart gelegt werden. Um die hart erarbeiteten Grundlagen zu erhalten sollte es aber auch in der Wettkampfsaison in vermindertem Umfang beibehalten werden.

Der Pezziball als Übungsgerät

Der Pezziball bietet neben dem reinen Kräftigungseffekt auf die oberflächliche Skelettmuskulatur auch hervorragende Möglichkeiten im Koordinationstraining. Durch sein instabiles Verhalten wird dabei vor allem die Propriozeption geschult.

Das Propriozeptive Training ist ein Teilaspekt des koordinativen Trainings, das speziell die sogenannte „Tiefensensibilität" und reflektorische Muskelaktivität des Organismus schult.

Dies wirkt sich positiv auf die Gelenkstabilisierung aus. Und damit natürlich auch auf eine wirkungsvolle Verletzungsprophylaxe. Zusätzlich verbessert sich durch das Training mit dem Pezziball die Körperwahrnehmung.

Die Wirkungen des Trainings lassen sich folgendermaßen beschreiben:

- Erhöhung der *Muskelkraft*

- Verbesserung der *inter- und intramuskulären Reaktion* der Muskulatur

- Erweiterung des *Bewegungsspektrums*

- Gute *Haltungsstabilität* durch muskelaufbauende Wirkung

- *Ökonomischer Krafteinsatz* bei Alltags- und Sportbelastungen

- Verbesserte *Reaktionsmöglichkeit* auf externe Reize

- Verbesserung des *Körpergefühls*

Beim Einsatz des Pezziballs als Trainingsgerät sollten einige Hinweise beachtet werden.

Pezziball-Größe

Ein wichtiges Kriterium beim Einsatz des Pezziballes ist dessen Größe. Er sollte der Körpergröße des trainierenden Athleten angepasst werden. Erhältlich sind die Bälle mit einem Durchmesser von 35 bis 85 Zentimetern.

Als Faustformel für die Auswahl dient folgende Tabelle:

Körpergröße	Durchmesser Pezziball
bis 145 cm	45 cm
145 - 165 cm	55 cm
165 - 180 cm	65 cm
über 180 cm	75 cm

Diese Maße dienen als Richtwerte, zu berücksichtigen sind immer auch die Proportionen des Athleten. Sinnvoll ist in jedem Fall ein Probesitzen auf dem Ball. Dazu setzt man sich mit dem Steißbein aufrecht auf dessen vorderen Teil. Der Winkel zwischen Oberkörper und Beine sollte dabei etwa 90-110° betragen, das bedeutet, dass die Oberschenkel leicht nach vorne abfallen.

Pezziball Luftdruck

Für einen maximalen Trainingseffekt ist ein prall gefüllter Ball optimal. Vor allem für die Schulung der Koordination ist dieses Kriterium entscheidend. Bälle mit zu wenig Luft reagieren langsam und verringern somit den Effekt auf koordinative Aspekte. Zum Erlernen von neuen Übungen kann dies allerdings durchaus auch mal erwünscht und hilfreich sein, so dass man dann mit voranschreitendem Übungserfolg auch den Luftdruck erhöhen kann.

Hinweise zur Übungsdurchführung

Für optimale Trainingseffekte sind einige Hinweise und Prinzipien hilfreich:

* **Konzentration:** die permanente Aufmerksamkeit in jeder Bewegungsphase ist ein entscheidendes Kriterium für die Schulung von Koordination und Eigenwahrnehmung. Gerade beim instabilen Übungsgerät Pezziball braucht es diese Konzentration um ein sensorisches Feedback des Körpers zu entwickeln. Daher steht die *Qualität der Bewegung vor der Quantität der Wiederholungszahlen!*

* **Rumpfstabilisierung:** die Rumpfmuskulatur bildet im Pezziball-Training das *Schlüsselelement aller Bewegungen*. Sie ist einem Kern vergleichbar. Der Rumpf gibt dem gesamten Körper während der Übungsdurchführung seine Stabilität und richtet die Wirbelsäule gerade und aufrecht aus. Daher ist die Aktivierung der Körpermitte auch bei Übungen für Ober- und Unterkörper extrem wichtig.
Der Bauch sollte während der Bewegungsausführung immer unter Spannung sein. Er sollte flach auf den Hüftknochen liegen, so als wollten Sie den Bauchnabel von einer imaginären Gürtelschnalle wegziehen. Halten Sie den

Bauch straff, aber atmen Sie dabei gleichmäßig und tief weiter.

- **Hüftstabilisierung:** die Hüfte ist das zweite tragende Element für die Übungsausführung. Vor allem Bewegungen in den Beinen haben hier ihren Ursprung. Aktivieren Sie bei den Übungen also neben dem Bauch vor allem auch die Gesäßmuskulatur. Mit beweglichen und stabilen Hüftgelenken können Sie Ihre Kraft in der Beinmuskulatur optimal ein- und umsetzen.

- **Schulterstabilisierung:** die Schultermuskulatur ist das zentrale Element für Bewegungen und Haltung im Oberkörper. Von der Schulter gehen die Bewegungen der Arme aus, ebenso ist sie in Verbindung mit der oberen Rücken- und Nackenmuskulatur für eine aufrechte Haltung von Rücken und Kopf mitverantwortlich. Versuchen Sie bei allen Übungen die Schulterblätter hinten zusammen zu führen und nach unten in Richtung Gesäß zu ziehen.

- **Atmung:** eine *gleichmäßige Atmung* während der Bewegung unterstützt den Bewegungsfluss und bestimmt den Bewegungsrhythmus. Grundsätzlich sollte man während der Anstrengung ausatmen und beim zurückkommen in die Ausgangslage einatmen. Eine Pressatmung ist unter allen Umständen zu vermeiden!

- **Bewegungsfluss:** der Körper ist ein zusammenhängendes Gebilde. *Wir trainieren Bewegungen* anstatt der Muskulatur einzelner Körperteile. Gerade bei labilen Übungsgeräten wie dem Pezziball beeinflussen sich die Muskeln unterschiedlicher Körperregionen während der Übungsausführung gegenseitig. Und hier hat dann wieder der Körperkern als Stabilisator und Initiator der Bewegung seine tragende Rolle. Wenn Sie auf den Bewegungsfluss achten, wird das Zusammenspiel der Muskulatur gefördert und die Balance verbessert. Das kommt Ihnen sowohl bei Alltagsbewegungen als auch in Ihrer Spezialsportart zu Gute.

Neben diesen grundlegenden Übungsprinzipien gibt es bei der Ausführung der Bewegungen zahlreiche Variationsmöglichkeiten. Sie wirken sich unmittelbar auf Schwierigkeit und Intensität der Übungen aus.

Eine generelle Wiederholungsanzahl für die Übungsdurchführung anzugeben ist äußerst schwierig. Als Richtmaß kann man von einer Belastungsdauer von einer Minute ausgehen. Meist entspricht dies in etwa 12-15 Wiederholungen. Sie können die Übungen gerne mehrmals durchführen, entweder indem Sie pro Übung mehrere Sätze (2-4) unmittelbar hintereinander trainieren, oder eine Reihe von Übungen nacheinander absolvieren und dann den Durchgang mehrmals durchlaufen.

Um Übungen in ihrem Schwierigkeitsgrad zu variieren, bieten sich folgende Möglichkeiten:

- **Auflagepunkte:** reduzieren Sie die Anzahl der Auflagepunkte, so erhöhen Sie damit den Schwierigkeitsgrad der Übung. Wenn Sie also bei einer Übung, bei der Sie sich mit beiden Händen und beiden Füßen abstützen, zusätzlich ein Bein abheben, dann wird die Bewegung deutlich erschwert.

- **Hebel:** durch Variation der Arm- und Beinhaltung können Sie die Schwierigkeit der Bewegung beeinflussen. Beispielsweise wird das Aufrollen des Oberkörpers beim Bauchmuskeltraining schwieriger, sobald Sie die Hände hinter den Kopf nehmen anstatt sie seitlich neben dem Oberkörper zu halten.

- **Bewegungsausmaß:** Sie können Übungen vereinfachen, indem Sie sie nicht über das ganze mögliche Bewegungsausmaß durchführen. So können Sie sich schwierige Übungen sukzessive erarbeiten, indem Sie von Mal zu Mal die Bewegung etwas weiter in Richtung maximal mögliche Endposition erweitern.

- **Bewegungsgeschwindigkeit:** manche Übungen werden durch ein höheres Bewegungstempo erschwert, manche werden dadurch einfacher: generell sollten die Übungen in einem *kontrollierbaren Tempo* durchgeführt werden. Die Qualität der Ausführung darf auf keinen Fall leiden! Trotzdem lassen sich auch mit Variation dieses Parameters unterschiedliche Effekte erzielen: sehr langsame Bewegungen halten die Muskulatur vermehrt unter Spannung und sind vor allem für die Ausbildung von Stabilität und Kraft geeignet. Normalerweise resultiert dies auch in abnehmenden Wiederholungszahlen. Schnellere Bewegungen unterstützen den Bewegungsfluss und fördern das reibungslose Zusammenspiel der Muskeln untereinander.

- **Zusatzgewichte:** durch zusätzlichen Widerstände, wie Medizinball, Hantelscheiben, etc.... können Sie die

Übungen erschweren. Zum einen wird der Kräftigungseffekt auf die Muskulatur erhöht, zum anderen wird damit
durch die Schwungmasse des Gewichts oft auch der koordinative Aspekt der Übung verstärkt.

- **Wahrnehmung:** schließen Sie bei der Durchführung der
  Übungen Ihre Augen, so erhöht sich der koordinative
  Charakter bei der Bewegung.

In den nachfolgenden Kapiteln sind die Übungen bestimmten Körperregionen zugeordnet. Bei diesen Muskelpartien liegt jeweils der
Schwerpunkt des Trainingseffektes, wenngleich wir ja die Bedeutung der Rumpf-, Hüft- und Schulterstabilisierung schon ange-
sprochen haben. Diese Partien werden bei den Übungen mehr oder
weniger immer „mittrainiert" und sind Voraussetzung für die
korrekte und optimale Bewegungsdurchführung!

Übungen
Rumpfstabilisierung

Rückenlage – Bauchspannung

<u>Trainierte Muskulatur:</u> • Gerade Bauchmuskulatur
• Großer Gesäßmuskel

<u>Übungsausführung:</u>

• Setzen Sie sich auf einen Pezziball und rollen langsam und kontrolliert nach hinten ab, so dass sich Ihr Rücken auf dem Ball befindet.

• Der Rücken hat von der Lendenwirbelsäule bis zu den Schulterblättern Kontakt mit der Balloberseite, die Hände legen Sie locker am Hinterkopf an.

• Bauen Sie langsam und kontrolliert eine Körperspannung auf indem Sie die Wirbelsäule vom unteren Rücken bis zum Hals strecken. Ziehen Sie dabei den Bauchnabel leicht nach innen und spannen die Gesäßmuskulatur an. Die gestreckte Position für ein paar Sekunden halten.

• Anschließend krümmen Sie den Rücken wieder, so dass Sie vom Bereich der Lendenwirbel- bis zur Halswirbelsäule Ballkontakt haben.

<u>Variation:</u>

• Sie können den Hebel vergrößern indem Sie die Arme hinter dem Kopf ausstrecken, so dass die Übung schwerer wird.

• Oder Sie erschweren die Übung dadurch, dass Sie eine Hantelscheibe mit den Händen unter dem Kopf halten.

Rückenlage – Aufrollen

<u>Trainierte Muskulatur:</u> • Gerade Bauchmuskulatur

<u>Übungsausführung:</u>

• Setzen Sie sich auf einen Pezziball und rollen langsam und kontrolliert nach hinten ab, so dass sich Ihr Rücken auf dem Ball befindet. Die Schulterblätter sind in Kontakt mit der Balloberseite.

• Der Oberkörper bildet mit den Oberschenkeln eine gerade Linie. Die Hände strecken Sie seitlich nach vorne.

• Aus dieser Position heben Sie den Oberkörper langsam und kontrolliert nach oben in den Sitz. Machen Sie den Rücken rund und ziehen den Bauchnabel bei der Bewegung leicht nach innen. Position kurz halten.

• Anschließend rollen Sie wieder in die Ausgangsposition zurück.

<u>Variation:</u>

• Wenn Sie die Hände hinter den Kopf nehmen, oder die Arme ganz nach hinten strecken, so erschwert sich die Übung durch den größeren Hebel.

• Weiter erschweren können Sie die Übung auch dadurch, dass Sie in den nach oben gestreckten Händen ein Zusatzgewicht halten, beispielsweise einen Medizinball, eine Hantelscheibe oder einen weiteren Pezziball.

Rückenlage – Abrollen

Trainierte Muskulatur: • Gerade Bauchmuskulatur
  • Vierköpfiger Schenkelstrecker

Übungsausführung:

• Setzen Sie sich mit aufrechtem Oberkörper auf den vorderen
  Bereich eines Pezziballs.

• Aus dieser Position rollen Sie sich langsam und kontrolliert so
  weit nach hinten ab, bis sich der Rücken auf dem Ball befindet.
  Während der Abrollbewegung strecken Sie ein Bein nach vorne.

• Oberkörper und Oberschenkel bilden in der Endposition eine
  gerade Linie. Ziehen Sie den Bauchnabel leicht nach innen und
  spannen die Gesäßmuskulatur an. Endposition kurz halten.

• Anschließend rollen Sie den Oberkörper wieder langsam und
  kontrolliert nach oben. Während der Bewegung beugen Sie das
  ausgestreckte Bein, stellen es ab und wiederholen die Bewegung
  auf der anderen Seite.

Variation:

• Wenn Sie während der Bewegung eine Hantelscheibe vor dem
  Oberkörper halten, so wird die Übung schwieriger.

• Ein weitere Variante besteht darin, dass Sie bei der Abrollbewegung dem sich streckenden Bein diagonalen Arm hinter den Kopf
  nehmen, so dass Sie in der Endposition eine diagonale Arm-
  /Beinstreckung innehaben.

Rückenlage – Reverser BallCrunch

Trainierte Muskulatur: • Gerade Bauchmuskulatur
• Hüftbeugemuskulatur
• Zweiköpfiger Schenkelmuskel

Übungsausführung:

• Legen Sie sich mit dem Rücken auf den Boden oder eine Matte.
Die Unterschenkel platzieren Sie auf einen vor sich liegenden
Pezziball, das Gesäß befindet sich unmittelbar am Ball. Die Arme
liegen seitlich neben dem Oberkörper.

• Klemmen Sie den Ball durch Beugen der Beine zwischen den
Unter- und Oberschenkeln ein und heben ihn vom Boden ab.

• Jetzt ziehen Sie den Bauchnabel leicht nach innen und beugen die
Beine in Richtung Oberkörper an. Position kurz halten und dann
den Ball langsam wieder absenken.

• Den Ball sollten Sie vor der nächsten Wiederholung möglichst
nicht ganz auf den Boden absetzten. So ist eine kontinuierliche
Spannung in der Muskulatur gewährleistet.

Variation:

• Wenn Sie die Hüfte zusätzlich vom Boden abheben und den
Pezziball über den Oberkörper bringen, so wird die Übung
wesentlich schwieriger.

• Ein weitere Intensivierung erreicht man dadurch, dass die Arme
seitlich vom Körper ausgestreckt werden. So isoliert man die zu
trainierende Bauch- und Hüftbeugemuskulatur besser.

Rückenlage – Reverses Aufrollen

Trainierte Muskulatur: • Gerade Bauchmuskulatur
• Großer Gesäßmuskel

Übungsausführung:

• Legen Sie einen Pezziball vor eine Wand. Setzen Sie sich mit dem Rücken zur Wand auf den vorderen Bereich des Balles. Jetzt rollen Sie langsam und kontrolliert so weit nach hinten ab, bis sich Ihr Rücken auf dem Ball befindet und Sie sich mit den Händen hinter dem Kopf an der Wand abstützen können.

• Heben Sie die Beine an und beugen sie in Hüft- und Kniegelenk im 90° Winkel. Der komplette Rücken hat von den Schulterblättern bis zur Hüfte Ballkontakt.

• Aus dieser Position strecken Sie die Füße langsam und und ohne Schwung nach oben. Die Hüfte hebt sich dabei ebenfalls vom Ball, so dass lediglich die Schulterblätter noch auf dem Ball aufliegen.

• Während der Bewegung streckt sich die Hüfte, der Winkel in den Kniegelenken bleibt annähernd bei 90°. Endposition kurz halten und die Hüfte ganz langsam und kontrolliert wieder absenken.

Bauchlage – Knie anziehen

<u>Trainierte Muskulatur:</u>
- Gerade Bauchmuskulatur
- Hüftbeugemuskulatur
- Großer Gesäßmuskel (bei Variante)
- Rückenstreckermuskulatur(bei Variante)

<u>Übungsausführung:</u>

- Legen Sie sich mit dem Bauch auf einen Pezziball und rollen sich so weit nach vorne bis nur noch die Unterschenkel auf dem Ball aufliegen.

- Stabilisieren Sie Ihren kompletten Körper, so dass der Oberkörper mit den Beinen eine gerade Linie bildet. Ziehen Sie den Bauchnabel leicht nach innen und spannen Sie Ihre Gesäßmuskulatur an.

- Aus dieser Position rollen Sie den Ball durch eine Beugung in Hüft- und Kniegelenk zu den Händen heran. Position kurz halten.

- Rollen Sie den Ball anschließend wieder nach hinten in die Ausgangsposition zurück.

<u>Variation:</u>

- Eine Variante besteht darin, dass in der gebeugten Position ein Bein nach hinten gesteckt wird. Achten Sie auch hier auf eine ausgeprägte Rumpfspannung und einen geraden Rücken.

- Die Übung kann auch komplett auf einem Bein durchgeführt werden. Beginnen Sie die Bewegung mit nur einem Unterschenkel auf dem Ball. Das andere Bein wird leicht angehoben und bleibt während der gesamten Übungsausführung nach hinten gestreckt.

Bauchlage – Knie anziehen schräg

Trainierte Muskulatur: • Gerade Bauchmuskulatur
                         • Schräge Bauchmuskulatur
                         • Hüftbeugemuskulatur

Übungsausführung:

• Stellen Sie sich hinter einen Pezziball. Legen Sie sich mit dem
  Bauch auf den Ball und rollen so weit nach vorne bis nur noch die
  Unterschenkel auf dem Ball aufliegen.

• Stabilisieren Sie Ihren kompletten Körper, so dass der Oberkörper
  mit den Beinen eine gerade Linie bildet. Ziehen Sie den Bauchnabel leicht nach innen und spannen Sie Ihre Gesäßmuskulatur an.

• Aus dieser Position rollen Sie den Ball durch eine Beugung in
  Hüft- und Kniegelenk sowie einer Drehung in der Hüfte seitlich
  zu den Händen heran. Position kurz halten.

• Rollen Sie den Ball anschließend wieder nach hinten in die Ausgangsposition zurück. Wiederholen Sie die Übung zur anderen
  Seite.

Variation:

• Alternativ können Sie die Übung zunächst in mehreren Wiederholungen zu einer Seite und anschließend zur anderen durchführen. Oder Sie wechseln die Seite nach jeder Wiederholung.

Rückenlage – Oberkörperverlagerung

<u>Trainierte Muskulatur:</u> • Gerade Bauchmuskulatur
• Schräge Bauchmuskulatur
• Großer Gesäßmuskel

<u>Übungsausführung:</u>

• Setzen Sie sich auf einen Pezziball und rollen langsam und kontrolliert so weit nach hinten ab, dass sich nur noch Ihre Schulterblätter auf der Oberseite des Balles befindet.

• Strecken Sie die Arme zur Seite, der Oberkörper bildet mit den Oberschenkeln eine gerade Linie. Halten Sie während der gesamten Bewegungsausführung die Spannung in der Rumpfmuskulatur indem Sie den Bauchnabel leicht nach innen ziehen und die Gesäßmuskulatur anspannen.

• Aus dieser Position rollen Sie über die Schulterblätter langsam und kontrolliert möglichst weit zur Seite. Hüfte und Schultern bleiben gerade ausgerichtet.

• Anschließend rollen Sie wieder zurück in die Ausgangsposition und führen die Bewegung zur anderen Seite aus.

<u>Variation:</u>

• Wenn Sie einen Stab in den nach oben ausgestreckten Händen halten, so können Sie die gerade Position des Oberkörpers einfach kontrollieren und Rotationsbewegungen in Schulter und Hüfte vermeiden. Erschweren können Sie die Übung indem Sie statt des Stabes einen Medizinball oder eine Hantelscheibe verwenden.

Seitstütz – Hüftstreckung

<u>Trainierte Muskulatur:</u> • Großer Gesäßmuskel
• Schräge Bauchmuskulatur
• Großer & Langer Schenkelanzieher

<u>Übungsausführung:</u>

• Legen Sie sich seitlich auf den Boden und stützen sich auf dem Unterarm auf. Zwischen die Füße klemmen Sie einen Pezziball, den Sie während der gesamten Bewegung fest halten.

• Heben Sie nun die Hüfte nach oben an. Während der Bewegung bleibt der Körper durch eine Rumpfspannung von den Füßen bis zur Schulter gerade und senkrecht ausgerichtet. Die Hüfte ist dabei nach vorne gestreckt.

• Halten Sie die Position für zwei bis drei Sekunden. Senken Sie anschließend die Hüfte wieder langsam und kontrolliert. Ohne dass die Hüfte den Boden berührt absolvieren Sie die nächste Wiederholung.

<u>Variationen:</u>

• Anstatt sich auf dem Unterarm aufzustützen, lässt sich die Übung auch sehr gut mit einem Stütz auf den Händen ausführen.

• Die Übung eignet sich auch sehr gut für ein statisches Krafttraining: halten Sie dazu die Position mit abgehobener Hüfte für 20 bis 30 Sekunden.

Übungen
Rumpfrotation

Rückenlage – Oberkörperrotation

Trainierte Muskulatur: • Gerade Bauchmuskulatur
 • Schräge Bauchmuskulatur
 • Großer Gesäßmuskel
 • Rückenstreckermuskulatur

Übungsausführung:

• Setzen Sie sich auf einen Pezziball und rollen langsam und kontrolliert so weit nach hinten ab, dass sich nur noch Ihre Schulterblätter auf der Oberseite des Balles befindet.

• Strecken Sie die Arme senkrecht nach oben und halten die Handflächen aneinander. Der Oberkörper bildet mit den Oberschenkeln eine gerade Linie bis zu den Knien. Halten Sie während der gesamten Bewegungsausführung die Spannung in der Rumpfmuskulatur indem Sie den Bauchnabel leicht nach innen ziehen und die Gesäßmuskulatur anspannen.

• Aus dieser Position rotieren Sie langsam und kontrolliert möglichst weit zur Seite. Die Bewegung geht dabei von der Körpermitte aus.

• Anschließend rotieren Sie wieder zurück in die Ausgangsposition und führen die Bewegung zur anderen Seite aus.

Variation:

• Wenn Sie während der Bewegung eine Hantelscheibe oder einen Medizinball in den ausgestreckten Händen halten, so wird die Bewegung zusätzlich erschwert.

Seitlage – Oberkörperrotation

Trainierte Muskulatur: • Gerade Bauchmuskulatur
                        • Schräge Bauchmuskulatur

Übungsausführung:

• Platzieren Sie Ihre Hüfte seitlich auf einem Pezziball und stützen Ihre Füße an einer Wand ab. Das untere Bein ist vorne, das obere ist hinten. Die Arme strecken Sie zur Seite, der Blick geht von der Wand weg nach aussen.

• Halten Sie den Körper von der Schulter bis zur Hüfte durch eine ausgeprägte Rumpfspannung in einer geraden und stabilen Lage.

• Aus dieser Position rotieren Sie langsam und kontrolliert möglichst weit zur Seite. Die Bewegung geht dabei von der Körpermitte aus. Die Arme bleiben seitlich ausgestreckt, der Blick folgt der oberen Hand nach hinten.

• Anschließend rotieren Sie wieder in die Ausgangsposition zurück, der Blick geht dabei zur ausgestreckten unteren Hand.

• Nachdem Sie eine Seite trainiert haben, wechseln Sie zur anderen und wiederholen die Übung in die entgegengesetzte Richtung.

Variation:

• Indem Sie während der Bewegung in jeder Hand eine Kurzhantel halten, können Sie die Bewegung intensivieren. Achten Sie auf eine stabile Rumpf- und gerade Körperausrichtung und wählen im Zweifel lieber etwas weniger Gewicht.

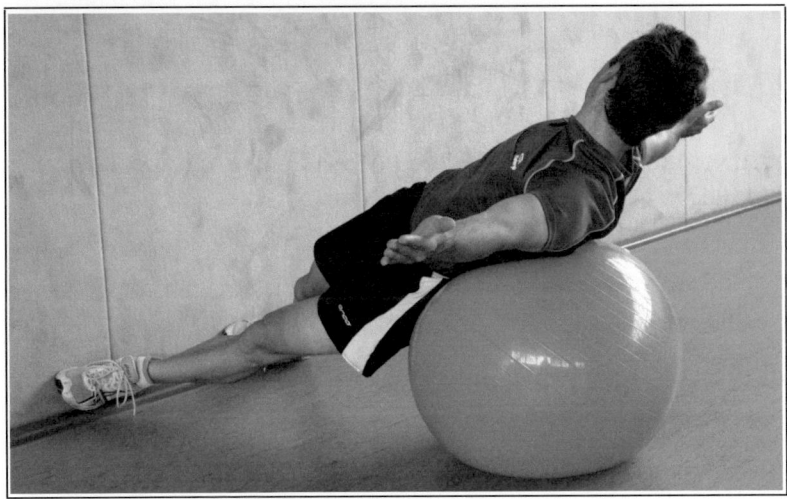

Bauchlage - Körperrotation

Trainierte Muskulatur: • Gerade Bauchmuskulatur
• Schräge Bauchmuskulatur
• Großer & Langer Schenkelanzieher

Übungsausführung:

• Legen Sie sich mit dem Bauch auf einen Pezziball und rollen sich so weit nach vorne bis nur noch die Unterschenkel auf dem Ball aufliegen. Die Füße setzten Sie etwas seitlich nach außen und klemmen damit den Ball fest ein.

• Stabilisieren Sie Ihren kompletten Körper, so dass Ihr Oberkörper mit den Beinen eine gerade Linie bildet. Ziehen Sie den Bauch-nabel leicht nach innen und spannen Sie Ihre Gesäßmuskulatur an. Diese Spannung halten Sie während der gesamten Bewegung.

• Aus dieser Position rollen Sie den Ball mit den gestreckten Beinen durch eine Rotation in der Hüfte so weit zur Seite bis die Zehen-spitzen Bodenkontakt haben. Position kurz halten.

• Rollen Sie den Ball anschließend wieder mit gestreckten Beinen in die Ausgangsposition zurück und wiederholen das Ganze zur anderen Seite.

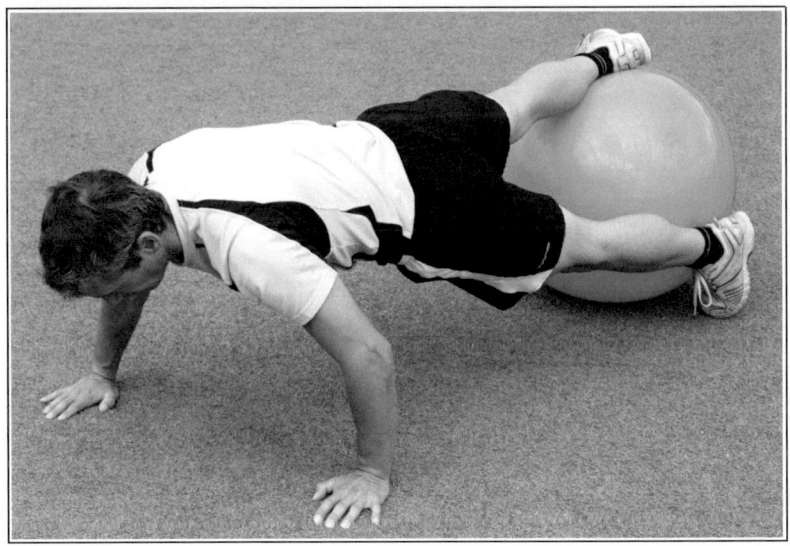

Bauchlage – Körperrotation Beine aufgelegt

<u>Trainierte Muskulatur:</u>
- Gerade Bauchmuskulatur
- Schräge Bauchmuskulatur

<u>Übungsausführung:</u>

- Legen Sie sich mit dem Bauch auf einen Pezziball und rollen sich so weit nach vorne bis die Knie auf der Balloberseite aufliegen. Winkeln Sie die Beine im Kniegelenk 90° an.

- Die Arme sind in der Ausgangsposition durchgestreckt, die Schultern senkrecht über den Händen.

- Stabilisieren Sie Ihren kompletten Körper, so dass der Oberkörper mit den Oberschenkeln eine gerade Linie bildet. Ziehen Sie den Bauchnabel leicht nach innen und spannen Sie Ihre Gesäßmuskulatur an. Diese Spannung halten Sie während der gesamten Bewegung.

- Aus dieser Position rotieren Sie langsam und kontrolliert mit den Füßen möglichst weit zur Seite. Die Bewegung geht dabei von der Körpermitte aus. Die Schultern bleiben während der Bewegung horizontal ausgerichtet.

- Anschließend drehen Sie in die Ausgangsposition zurück und wiederholen die Bewegung zur anderen Seite.

Rückenlage – BallCrunch Hüftrotation

<u>Trainierte Muskulatur:</u> • Gerade Bauchmuskulatur
• Schräge Bauchmuskulatur
• Zweiköpfiger Schenkelmuskel

<u>Übungsausführung:</u>

• Legen Sie sich mit dem Rücken auf den Boden oder eine Matte. Die Unterschenkel platzieren Sie mit etwas Abstand auf einen vor sich liegenden Pezziball, das Gesäß liegt unmittelbar am Ball. Die Arme strecken Sie zur Seite aus.

• Klemmen Sie den Ball durch Beugen und Zusammendrücken der Beine zwischen Ober- und Unterschenkel ein und heben ihn ein paar Zentimeter vom Boden ab.

• Aus dieser Position rotieren Sie in der Hüfte langsam und kontrolliert zur Seite. Stoppen Sie die Bewegung kurz bevor Beine und Ball den Boden berühren. Position kurz halten.

• Anschließend bringen Sie Beine und Ball wieder zurück in die Ausgangsposition und wiederholen die Bewegung zur anderen Seite.

Übungen
Hüfte

Bauchlage - Klappmesser

<u>Trainierte Muskulatur:</u> • Gerade Bauchmuskulatur
• Hüftbeugemuskulatur

<u>Übungsausführung:</u>

• Legen Sie sich mit dem Bauch auf einen Pezziball und rollen so weit nach vorne bis nur noch die Unterschenkel auf der Balloberseite aufliegen.

• Stabilisieren Sie den kompletten Körper, so dass der Oberkörper mit den Beinen eine gerade Linie bildet. Ziehen Sie den Bauchnabel leicht nach innen und spannen Sie Ihre Gesäßmuskulatur an. Diese Spannung halten Sie während der gesamten Bewegung.

• Aus dieser Position rollen Sie den Ball mit gestreckten Beinen durch eine Beugung in der Hüfte zu den Händen heran. Position kurz halten.

• Rollen Sie den Ball anschließend wieder mit gestreckten Beinen in die Ausgangsposition zurück.

<u>Variation:</u>

• Um die Übung etwas zu erschweren, kann sie auch auf einem Bein durchgeführt werden. Beginnen Sie die Bewegung mit nur einem Fuß auf dem Ball, der andere wird leicht angehoben und bleibt während der Übungsdurchführung nach hinten gestreckt. Achten Sie während der gesamten Bewegungsausführung auf die Rumpfspannung und eine gerade ausgerichtete Hüfte.

Kniend – Ballrollen

<u>Trainierte Muskulatur:</u> • Gerade Bauchmuskulatur
• Hüftbeugemuskulatur

<u>Übungsausführung:</u>

• Knien Sie sich vor einen Pezziball, beugen Sie den Oberkörper
nach vorne und stützen sich mit den Händen auf der Oberseite des
Balles ab.

• Ziehen Sie den Bauchnabel leicht nach innen und spannen Sie
Ihre Gesäßmuskulatur an. Diese Spannung halten Sie während
der gesamten Bewegung.

• Jetzt wird das Körpergewicht nach vorne verlagert, dabei rollen
Sie den Pezziball langsam und kontrolliert vorwärts.

• Die Endposition ist erreicht, sobald der Körper in einer geraden
und gestreckten Position ist und die kompletten Unterarme auf der
Balloberseite aufliegen.

• Anschließend rollen Sie den Ball durch eine Beugung in der Hüfte
zurück, so dass Sie wieder aufrecht vor ihm knien.

Stehend – Ballrollen

Trainierte Muskulatur: • Gerade Bauchmuskulatur
                             • Hüftbeugemuskulatur

Übungsausführung:

• Stellen Sie sich vor einen Pezziball und beugen den Oberkörper in der Hüfte nach vorne. Der Rücken ist gerade, die Wirbelsäule gestreckt. Ziehen Sie den Bauchnabel leicht nach innen und spannen Sie Ihre Gesäßmuskulatur an. Diese Spannung halten Sie während der gesamten Bewegung. Die Hände stützen sich auf dem Ball ab.

• Verlagern Sie jetzt das Körpergewicht nach vorne und rollen den Pezziball langsam und kontrolliert vorwärts, die Füße bleiben dabei in der Ausgangsposition stehen.

• Die Endposition ist erreicht, sobald der Körper in einer geraden und gestreckten Position ist und die kompletten Unterarme auf der Balloberseite aufliegen.

• Anschließend rollen Sie den Ball durch eine Beugung in der Hüfte wieder zurück.

Rückenlage – Hüftbeugen

<u>Trainierte Muskulatur:</u> • Hüftbeugemuskulatur
• Vierköpfiger Schenkelstrecker
• Großer & Langer Schenkelanzieher

<u>Übungsausführung:</u>

• Legen Sie sich mit dem Rücken auf den Boden und klemmen einen vor Ihnen liegenden Pezziball zwischen Ihre Füße. Die Arme strecken Sie neben dem Oberkörper zur Seite aus.

• Aus dieser Position heben Sie den Ball mit gestreckten Beinen vom Boden ab. Durch Beugung von Beinen und Hüfte bringen Sie ihn zu sich heran. Position kurz halten.

• Anschließend strecken Sie die Beine wieder in die Ausgangsposition nach vorne.

<u>Variation:</u>

• Sie können aus der angebeugten Position die Beine zusätzlich noch nach oben strecken, dann wird vermehrt der vierköpfige Schenkelstrecker mittrainiert und die Beinbeugemuskulatur aktiv gedehnt.

Rückenlage – Beinspirale

<u>Trainierte Muskulatur:</u> • Hüftbeugemuskulatur
  • Großer & Langer Schenkelanzieher
  • Vierköpfiger Schenkelstrecker
  (bei Variante)

<u>Übungsausführung:</u>

• Legen Sie sich mit dem Rücken auf den Boden und klemmen einen vor Ihnen liegenden Pezziball zwischen Ihre Füße. Die Arme sind seitlich ausgestreckt.

• Aus dieser Position heben Sie den Ball vom Boden ab und strecken die Beine senkrecht nach oben.

• Mit gestreckten Beinen rollen Sie den Ball zwischen den Füßen vor und zurück.

<u>Variation:</u>

• Die Übung läßt sich sehr gut mit der vorherigen Übung Hüftbeugen kombinieren: rollen Sie den Ball zu einer Seite und anschließend wieder zurück in die mittlere Position. Dort beugen Sie die Beine im Kniegelenk, so dass der Ball bis kurz vor dem Boden abgesenkt wird. Ball ohne abzusetzen nach vorne strecken, Position kurz halten, durch Beugung von Beinen und Hüfte den Ball wieder heranführen und nach oben strecken. Ball zur anderen Seite rotieren und erneut das Hüftbeugen ausführen.

Bauchlage – Hüftbeugen

<u>Trainierte Muskulatur:</u> • Gerade Bauchmuskulatur
• Hüftbeugemuskulatur

<u>Übungsausführung:</u>

• Stützen Sie sich mit den Händen auf einem Pezziball ab und gehen mit den Füßen so weit nach hinten bis Sie in einer Liege-stützposition mit gestreckten Armen sind. Die Schultern sind nahezu senkrecht über den Händen.

• Stabilisieren Sie Ihren kompletten Körper, so dass Ihr Oberkörper mit den Beinen eine gerade Linie bildet. Ziehen Sie den Bauch-nabel leicht nach innen und spannen Sie Ihre Gesäßmuskulatur an.

• Aus dieser Position bringen Sie das Knie eines Beines durch eine Beugung in Knie- und Hüftgelenk unter den Oberkörper.

• Versuchen Sie den Rücken während der Bewegung möglichst gerade und die Wirbelsäule gestreckt zu halten. Der Kopf bleibt in Verlängerung der Wirbelsäule, der Blick geht dabei schräg nach vorne / unten. Endposition kurz halten.

• Anschließend strecken Sie das Bein wieder zurück in die Aus-gangsposition.

• Ohne den Fuß auf den Boden abzusetzen führen Sie sofort die nächste Wiederholung mit dem selben Bein durch.

Bauchlage – Hüftabduktion, Arme aufgelegt

<u>Trainierte Muskulatur:</u>
- Gerade & Schräge Bauchmuskulatur
- Großer Gesäßmuskel
- Hüftbeugemuskulatur
- Großer & Langer Schenkelanzieher (bei Variante)

<u>Übungsausführung:</u>

- Stützen Sie sich mit den Unterarmen auf einem Pezziball ab und gehen mit den Füßen so weit nach hinten bis Sie sich in einer Liegestützposition befinden. Die Ellenbogen sollten sich unter den Schultern befinden.

- Stabilisieren Sie den kompletten Körper, so dass Ihr Oberkörper mit den Beinen eine gerade Linie bildet. Ziehen Sie den Bauchnabel leicht nach innen und spannen Sie Ihre Gesäßmuskulatur an.

- Beugen Sie jetzt ein Bein nach vorne an, so dass sowohl im Knie- als auch im Hüftgelenk ein Winkel von 90° ist.

- Aus dieser Position drehen Sie das angewinkelte Bein in der Hüfte maximal nach aussen. Position kurz halten.

- Anschließend das Bein wieder zur Mitte zurückführen.

<u>Variationen:</u>

- Aus der mittleren Position das Bein in der Hüfte maximal nach innen drehen. Position kurz halten und wieder zurück.

- Als weitere Variante kann das angebeugte Bein in der ausgedrehten Position bis hinter den Rücken rotiert werden.

Bauchlage – Hüftrotation Bein aufgelegt

Trainierte Muskulatur: • Gerade & Schräge Bauchmuskulatur
• Großer Gesäßmuskel
• Hüftbeugemuskulatur
• Großer & Langer Schenkelanzieher

Übungsausführung:

• Legen Sie sich mit dem Bauch auf einen Pezziball und rollen so weit nach vorne bis nur noch die Schienbeine auf der Balloberseite aufliegen. Die Arme sind in der Ausgangsposition durchgestreckt, die Schultern senkrecht über den Händen.

• Stabilisieren Sie den kompletten Körper, so dass Ihr Oberkörper mit den Beinen eine gerade Linie bildet. Ziehen Sie den Bauchnabel leicht nach innen und spannen Sie Ihre Gesäßmuskulatur an. Diese Spannung halten Sie während der gesamten Bewegung.

• Beugen Sie ein Bein nach vorne an und drehen es anschließend in der Hüfte nach aussen.

• Die Schulter bleibt während der Bewegung möglichst horizontal ausgerichtet, das gestreckte Bein dreht sich auf dem Ball.

• Anschließend das gebeugte Bein wieder zurückführen und unter dem Körper zur anderen Seite drehen.

Variationen:

• Entweder Sie drehen das angewinkelte Bein bei der Auswärtsrotation bis zur Waagerechten, oder in die maximal mögliche Endposition hinter dem Rücken.

Bauchlage – Hüftstreckung beidbeinig

<u>Trainierte Muskulatur:</u>   • Rückenstreckermuskulatur
• Großer Gesäßmuskel

<u>Übungsausführung:</u>

• Legen Sie sich mit dem Bauch über einen Pezziball und stützen sich mit den Unterarmen davor ab.

• Lösen Sie Knie und Unterschenkel vom Boden und strecken sie gerade nach hinten aus.

• Stabilisieren Sie diese Position, so dass Ihr Oberkörper mit den Beinen eine gerade Linie bildet. Ziehen Sie den Bauchnabel leicht nach innen und spannen Sie Ihre Gesäßmuskulatur an. Position ein paar Sekunden halten.

• Anschließend beugen Sie Hüfte und Beine und bringen sie wieder in die Ausgangsposition zurück. Ohne den Boden mit den Unterschenkeln zu berühren starten Sie zur nächsten Wiederholung.

Bauchlage – Arm-/Beinstreckung

<u>Trainierte Muskulatur:</u> • Rückenstreckermuskulatur
• Großer Gesäßmuskel

<u>Übungsausführung:</u>

• Legen Sie sich mit dem Bauch auf einen Pezziball und stützen sich mit den Armen davor ab. Die Beine werden nach hinten gestreckt, so dass Sie sich auf den Fußspitzen stabilisieren können.

• Die Wirbelsäule ist gestreckt, so dass der Rücken gerade ist. Ziehen Sie den Bauchnabel leicht nach innen und spannen Sie Ihre Gesäßmuskulatur an.

• Strecken Sie nun einen Arm nach vorne und das diagonale Bein nach hinten. Hüfte und Schulter sollten dabei waagerecht ausgerichtet bleiben.

• Halten Sie die Position für ein paar Sekunden. Anschließend senken Sie Arm und Bein wieder langsam und kontrolliert ab. Wiederholen Sie die Bewegung auf der anderen Seite.

<u>Variationen:</u>

• Eine einfachere Variante ergibt sich dadurch, dass Sie lediglich einen Arm nach vorne strecken und beide Füße zur Stabilisierung auf dem Boden halten.

• Entsprechendes gilt ebenso für die Ausführung nur mit einem Bein und der Stabilisierung der Position mit beiden Händen auf dem Boden.

Vierfüßlerstand – Arm-/Beinstreckung

<u>Trainierte Muskulatur:</u> • Rückenstreckermuskulatur
• Großer Gesäßmuskel

<u>Übungsausführung:</u>

• Stellen Sie sich vor einen Pezziball, die Hände platzieren Sie oben, die Knie an den Ball. Verlagern Sie langsam Ihr Gewicht nach vorne auf die Hände und heben die Füße vom Boden ab, so dass Sie im Vierfüßlerstand auf dem Ball knien. Balancieren Sie diese Position aus.

• Strecken Sie nun einen Arm nach vorne und das diagonale Bein nach hinten. Die Wirbelsäule ist gestreckt, der Rücken gerade ausgerichtet. Ziehen Sie den Bauchnabel leicht nach innen und spannen Sie Ihre Gesäßmuskulatur an. Der Kopf ist in Verlängerung der Wirbelsäule mit Blick nach schräg vorne/unten.

• Halten Sie die Position für zwei bis drei Sekunden. Senken Sie anschließend Arm und Bein wieder langsam und kontrolliert. Wiederholen Sie die Bewegung auf der anderen Seite.

<u>Variationen:</u>

• Eine einfachere Variante ergibt sich dadurch, dass Sie lediglich einen Arm nach vorne strecken und beide Beine auf dem Ball halten.

• Entsprechendes gilt ebenso für die Ausführung nur mit einem Bein und der Stabilisierung der Position mit beiden Händen auf dem Ball.

Rückenlage – Hüftstreckung einbeinig

<u>Trainierte Muskulatur:</u> • Großer Gesäßmuskel
• Vierköpfiger Schenkelstrecker

<u>Übungsausführung:</u>

• Legen Sie sich mit etwa einer Beinlänge Abstand vor eine Wand. Einen Pezziball platzieren Sie zwischen Gesäß und Wand, die Füße befinden sich am Ball. Die Arme liegen seitlich ausgestreckt neben dem Oberkörper.

• Jetzt rollen Sie den Pezziball mit den Füßen an der Wand so weit nach oben bis der Winkel im Kniegelenk etwa 90° ist.

• Jetzt wird ein Fuß vom Ball abgehoben und nach oben gestreckt. Anschließend die Hüfte möglichst weit nach oben strecken, so dass Oberkörper und Beine von der Brust bis zu den Knien eine Gerade bilden.

• Endposition kurz halten, dann die Hüfte langsam wieder ab-senken. Ohne Bodenkontakt der Hüfte wird sofort die nächste Wiederholung durchgeführt.

<u>Variation:</u>

• Durch Variation der Armhaltung kann die Übung erschwert werden. Strecken Sie die Hände nach oben, so werden auch die koordinativen Anforderungen erhöht.

Kniestand – Einbeinig

<u>Trainierte Muskulatur:</u> • Großer Gesäßmuskel
• Rückenstreckermuskulatur

<u>Übungsausführung:</u>

• Stellen Sie sich vor einen Pezziball, die Hände platzieren Sie oben, die Knie an den Ball. Verlagern Sie langsam Ihr Gewicht nach vorne auf die Hände und heben die Füße vom Boden ab, so dass Sie im Vierfüßlerstand auf dem Ball knien.

• Wenn Sie Ihre Balance gefunden haben, lösen Sie die Hände und richten sich auf. Die Wirbelsäule ist gestreckt, der Rücken gerade ausgerichtet. Ziehen Sie den Bauchnabel leicht nach innen und spannen Sie Ihre Gesäßmuskulatur an. Versuchen Sie diese Position zu halten.

<u>Variation:</u>

• Lösen Sie ein Bein vom Ball und strecken es zur Seite. Dabei den Oberkörper aufrecht halten und die Position ausballancieren. Wiederholen Sie die Übung anschließend mit dem anderen Bein.

Übungen
Beine

Stehend – Kniebeugen

Trainierte Muskulatur: • Vierköpfiger Schenkelstrecker
                                   • Großer Gesäßmuskel

Übungsausführung:

• Stellen Sie sich mit dem Rücken vor eine Wand und nehmen einen Pezziball zwischen Gesäß und Wand, die Füße stellen Sie so weit nach vorne, so dass sich bei der anschließenden Beugung die Knie hinter den Fußspitzen befinden.

• Aus dieser Position beugen Sie langsam die Beine und rollen damit gleichzeitig mit dem Rücken am Ball nach unten, so dass sich dieser in der Endposition im Lendenbereich befindet. Die Arme hängen locker seitlich herab.

• Position kurz halten und anschließend wieder langsam nach oben aufrichten.

Variation:

• Sie können während der Bewegung die Arme auch nach vorne ausstrecken und mit den Händen einen Stab greifen.

• Zusätzlich erschweren läßt sich die Übung dadurch, dass Sie einen Medizinball in den nach vorne ausgestreckten Händen halten oder in den seitlich herabhängenden Händen jeweils eine Kurzhantel greifen.

Stehend – Ausfallschritt

<u>Trainierte Muskulatur:</u> • Vierköpfiger Schenkelstrecker
• Großer Gesäßmuskel

<u>Übungsausführung:</u>

• Stellen Sie sich mit dem Rücken vor einen Pezziball und legen den Fuß eines Beines darauf ab. Die Hände strecken Sie nach oben, so dass der Oberkörper aufgerichtet ist. Beide Beine sind in dieser Ausgangshaltung nahezu gestreckt.

• Aus dieser Position beugen Sie langsam das vordere Bein. Achten Sie darauf, dass der Oberkörper gerade aufgerichtet bleibt. Das hintere Bein beugt sich nur leicht, so dass die Hüfte während der gesamten Bewegungsausführung möglichst gestreckt ist.

• Das Knie befindet sich in der Endposition hinter den Zehenspitzen. Endposition kurz halten und anschließend wieder langsam aufrichten.

<u>Variation:</u>

• Zusätzlich erschweren läßt sich die Übung dadurch, dass Sie einen Medizinball in den ausgestreckten Händen über dem Kopf halten oder in den seitlich herabhängenden Händen jeweils eine Kurzhantel greifen.

Stehend – Ballrollen

Trainierte Muskulatur:
- Vierköpfiger Schenkelstrecker
- Großer Gesäßmuskel
- Großer & Langer Schenkelanzieher

Übungsausführung:
- Positionieren Sie sich seitlich neben einen Pezziball und stellen einen Fuß darauf. Der Oberkörper ist aufgerichtet.
- Rollen Sie jetzt den Ball über die Fußspitze des aufgestellten Beines nach hinten. Der Oberkörper beugt sich dabei vor, der Rücken bleibt gerade und die Wirbelsäule gestreckt.. Die Endposition ausbalancieren und kurz halten.
- Anschließend wird der Pezziball durch eine Bein- und Hüftbeugung wieder nach vorne neben das Standbein gerollt.
- Während der gesamten Bewegung sollten Sie mit dem Fuß Druck auf den Ball ausüben, so das die Muskulatur ständig aktiviert ist.

Variation:
- Sie können die Übung dahingehend variieren, dass Sie den Pezziball entweder gerade nach hinten oder mehr zur Seite rollen. Je mehr der Ball zur Seite gerollt wird, desto mehr werden bei der Bewegung die Schenkelanzieher (Adduktoren) mittrainiert.
- Zusätzlich erschweren läßt sich die Übung dadurch, dass Sie einen Medizinball in den ausgestreckten Händen über dem Kopf halten.

Sitzend – Kniebeugen einbeinig

<u>Trainierte Muskulatur:</u> • Vierköpfiger Schenkelstrecker
• Großer Gesäßmuskel

<u>Übungsausführung:</u>

• Setzen Sie sich auf einen Pezziball und strecken ein Bein nach vorne aus.

• Der Oberkörper ist gerade aufgerichtet, die Wirbelsäule gestreckt. Halten Sie während der kompletten Bewegungsdurchführung eine Rumpfspannung indem Sie den Bauchnabel leicht nach innen ziehen und Ihre Gesäßmuskulatur anspannen.

• Jetzt verlagern Sie das Körpergewicht etwas nach vorne und strecken das auf dem Boden aufgestellte Bein durch, so dass Sie am Ende der Bewegung aufrecht stehen. Das freie Bein bleibt leicht nach vorne/unten ausgestreckt.

• Balancieren Sie diese Position kurz aus und setzen sich anschließend wieder langsam zurück auf den Ball.

• Sie können wahlweise einen kompletten Satz mit einem Bein durchführen oder bei jeder Wiederholung das Bein wechseln.

<u>Variation:</u>

• Die Position der Arme kann während der Bewegung variiert werden: strecken Sie sie nach oben und halten dabei einen Stab in den Händen. Durch ein zusätzliches Gewicht, z.B. einen Medizinball, kann die Bewegung dann noch zusätzlich erschwert werden.

Rückenlage – Hüftstreckung

<u>Trainierte Muskulatur:</u> • Vierköpfiger Schenkelstrecker
• Großer Gesäßmuskel

<u>Übungsausführung:</u>

• Setzen Sie sich auf einen Pezziball und rollen langsam und kontrolliert nach hinten ab, so dass sich Ihr Rücken auf dem Ball befindet. Die Schulterblätter sind in Kontakt mit der Balloberseite.

• Die Füße stehen am Boden, die Hüfte ist nach oben gestreckt. Ziehen Sie den Bauchnabel leicht nach innen und spannen Sie Ihre Gesäßmuskulatur an.

• Aus dieser Position beugen Sie die Beine und senken die Hüfte so weit nach unten ab, dass sich das Gesäß noch knapp über dem Boden befindet.

• Anschließend strecken Sie die Hüfte wieder nach oben, der Oberkörper bildet in der Endposition eine gerade Linie mit den Oberschenkeln.

<u>Variation:</u>

• Deutlich schwieriger wird die Übung sobald Sie sie nur mit einem Bein durchführen. Das abgehoben Bein strecken Sie dabei während der gesamten Bewegungsausführung gerade nach vorne.

Rückenlage – Beinbeugen

<u>Trainierte Muskulatur:</u> • Zweiköpfiger Schenkelmuskel
• Großer Gesäßmuskel
• Schollenmuskel (bei Variante)

<u>Übungsausführung:</u>

• Legen Sie sich mit dem Rücken auf den Boden und stellen Ihre Füße auf einen vor Ihnen liegenden Pezziball. Die Beine sind gestreckt.

• Heben Sie die Hüfte nach oben an, so dass der Körper von der Schulter bis zu den Füßen eine gerade Linie bildet. Ziehen Sie den Bauchnabel leicht nach innen und spannen Sie Ihre Gesäßmuskulatur an..

• Aus dieser Position rollen Sie den Pezziball durch eine Beugung der Beine zu sich heran.

• Achten Sie darauf, dass die Hüfte während der gesamten Bewegung nach oben gestreckt bleibt.

• Position kurz halten und anschließend den Ball unter Beibehaltung der Hüftstreckung langsam nach vorne rollen bis die Beine wieder gestreckt sind.

<u>Variation:</u>

• Bei Durchführung mit einem Bein, wird die Übung ungleich schwerer. Halten Sie das angehobene Bein nach vorne gestreckt.

• Wenn Sie in der Endposition zusätzlich auf die Zehenspitzen stehen, so können Sie die Wadenmuskulatur mittrainieren.

Stehend – Wadenheben

<u>Trainierte Muskulatur:</u> • Zwillingswadenmuskel

<u>Übungsausführung:</u>

• Stellen Sie sich mit etwa einem Meter Abstand frontal vor eine Wand. Einen Pezziball nehmen Sie in Bauchhöhe vor den Oberkörper und klemmen ihn zwischen sich und der Wand ein. Die Hände platzieren Sie zur Stabilisierung seitlich am Ball.

• Aus dieser Position drücken Sie sich gegen den Widerstand des Balles nach vorne/oben ab und stellen sich auf die Zehenspitzen.

• Endposition kurz halten und anschließend die Fersen langsam wieder auf den Boden absenken.

<u>Variationen:</u>

• Sie können die Intensität der Übung steigern indem Sie sie nur mit einem Bein ausführen, das freie wird einfach ein paar Zentimeter vom Boden gelöst.

Stehend – Wadenheben in Schrittstellung

<u>Trainierte Muskulatur:</u> • Schollenmuskel
                          • Zwillingswadenmuskel

<u>Übungsausführung:</u>

• Stellen Sie sich mit etwa einem Meter Abstand frontal vor eine Wand. Einen Pezziball nehmen Sie in Bauchhöhe vor den Oberkörper, die Hände greifen zur Stabilisierung seitlich am Ball.

• Ein Bein setzen Sie nach vorne, so dass der Pezziball in der gebeugten Hüfte zwischen Oberschenkel und Oberkörper eingeklemmt ist.

• Aus dieser Position drücken Sie sich nach vorne/oben ab und stellen sich auf beide Zehenspitzen.

• Endposition kurz halten und anschließend die Fersen langsam wieder auf den Boden absenken.

<u>Variationen:</u>

• Sie können die Betonung der Bewegung entweder auf das hintere Bein oder auf das angewinkelte vordere legen. Dabei werden unterschiedliche Muskel trainiert: im durchgestreckten Bein liegt der Schwerpunkt auf dem Training des Zwillingswadenmuskels, im angewinkelten auf dem Schollenmuskel.

Übungen
Brust

Bauchlage – Liegestütz, Hände auf Ball

<u>Trainierte Muskulatur:</u> • Großer Brustmuskel
• Deltamuskel, vorderer Anteil
• Armstrecker

<u>Übungsausführung:</u>

• Stützen Sie sich mit den Händen auf einem Pezziball ab und
gehen mit den Füßen so weit nach hinten bis Sie in einer Liege-
stützposition mit gestreckten Armen sind. Die Hände befinden
sich unter den Schultern.

• Stabilisieren Sie Ihren kompletten Körper, so dass der Oberkörper
eine gerade Linie mit den Beinen bildet. Ziehen Sie den Bauchnabel leicht nach innen und spannen Sie Ihre Gesäßmuskulatur an.

• Beugen Sie nun die Ellenbogen und lassen den Oberkörper langsam und kontrolliert nach unten ab. Der Kopf ist in Verlängerung
der Wirbelsäule, der Blick schräg nach vorne/unten.

• Endposition kurz halten, anschließend drücken Sie sich wieder
nach oben in die Ausgangsposition.

<u>Variationen:</u>

• Heben Sie in der Endposition zusätzlich ein Bein vom Boden ab
und strecken es nach hinten.

• Um die Übung zu erschweren, können Sie die Hände statt auf dem
Ball auch weiter seitlich am Ball platzieren und die Position durch
Druck gegen den Pezziball stabilisieren.

Bauchlage – Liegestütz dynamisch

<u>Trainierte Muskulatur:</u> • Großer Brustmuskel
• Deltamuskel, vorderer Anteil
• Armstrecker

<u>Übungsausführung:</u>

• Stützen Sie sich mit den Händen auf einem Pezziball ab und gehen mit den Füßen so weit nach hinten bis Sie in einer Liege-stützposition mit gestreckten Armen sind. Die Hände befinden sich unter den Schultern.

• Stabilisieren Sie Ihren kompletten Körper, so dass der Oberkörper eine gerade Linie mit den Beinen bildet. Ziehen Sie den Bauch-nabel leicht nach innen und spannen Sie Ihre Gesäßmuskulatur an.

• Beugen Sie nun die Ellenbogen und lassen sich langsam und kontrolliert nach unten ab.

• Aus dieser Position drücken Sie sich explosiv nach oben ab. Der Körper bleibt während der Bewegung stabil und fixiert.

• Bei der anschließende Landung fangen Sie den Fall ab, ohne dass dabei der Oberkörper den Ball berührt.

<u>Variationen:</u>

• Um so dynamischer Sie sich vom Pezziball abdrücken, desto schwieriger wird natürlich das anschließende Abfangen des fall-enden Körpers. Zusätzlich können Sie in der Luft noch in die Hände klatschen.

Bauchlage – Liegestütz, vorwandern

Trainierte Muskulatur: • Großer Brustmuskel
• Deltamuskel, vorderer Anteil
• Armstrecker

Übungsausführung:

• Stellen Sie sich hinter einen Pezziball und legen sich mit dem Bauch darauf. Die Hände stützen vorne ab, die Beine strecken Sie nach hinten aus.

• Stabilisieren Sie Ihren kompletten Körper, so dass der Oberkörper während der gesamten Bewegungsausführung mit den Beinen eine gerade Linie bildet. Ziehen Sie den Bauchnabel leicht nach innen und spannen Sie Ihre Gesäßmuskulatur an.

• Aus dieser Position wandern Sie mit den Händen langsam nach vorne und rollen dabei mit dem Körper über den Pezziball.

• Die Endposition ist erreicht, sobald sich nur noch die Unter-schenkel auf dem Ball befinden. Die Arme sind am Ende der Bewegung durchgestreckt, die Schultern senkrecht über den Händen.

• Anschließend rollen Sie wieder Schritt für Schritt in die Aus-gangsposition zurück.

Variationen:

• Anstatt mit den Händen Schritt für Schritt am Boden vorzulaufen können Sie auch immer beide Hände gleichzeitig abheben und vorwärts „springen". Dadurch wird die Übung dynamischer.

Bauchlage – Liegestütz, Beine auf Ball

<u>Trainierte Muskulatur:</u> • Brustmuskulatur
                                  • Deltamuskel, vorderer Anteil
                                  • Armstrecker

<u>Übungsausführung:</u>

• Legen Sie sich mit dem Bauch auf einen Pezziball und rollen so weit nach vorne bis sich nur noch Ihre Unterschenkel darauf befinden. Die Hände wandern mit, die Arme sind am Ende der Bewegung durchgestreckt, die Schultern senkrecht über den Händen.

• Stabilisieren Sie Ihren kompletten Körper, so dass der Oberkörper eine gerade Linie mit den Beinen bildet. Ziehen Sie den Bauchnabel leicht nach innen und spannen Sie Ihre Gesäßmuskulatur an.

• Beugen Sie nun die Ellenbogen und lassen den Oberkörper langsam und kontrolliert nach unten ab.

• Position kurz halten, anschließend drücken Sie sich wieder in die Ausgangsposition zurück.

<u>Variationen:</u>

• Heben Sie in der Endposition zusätzlich ein Bein vom Ball ab und halten es gestreckt.

• Sie können die Übung auch dynamisch ausführen: drücken Sie sich energisch vom Boden ab und klatschen in die Hände während Sie sich in der Luft befinden.

Bauchlage – Butterfly

Trainierte Muskulatur: • Brustmuskulatur

• Deltamuskel

Übungsausführung:

• Nehmen Sie zwei Pezzibälle, die Sie direkt nebeneinander vor sich auf den Boden legen.

• Stützen Sie sich mit den Unterarmen auf den Bällen ab und gehen mit den Füßen so weit nach hinten bis Sie in einer Liegestütz-position sind. Die Ellenbogen befinden sich unter den Schultern.

• Stabilisieren Sie Ihren kompletten Körper, so dass der Oberkörper eine gerade Linie mit den Beinen bildet. Ziehen Sie den Bauch-nabel leicht nach innen und spannen Sie Ihre Gesäßmuskulatur an.

• Aus dieser Position werden die Bälle langsam und kontrolliert nach aussen gerollt, der ganze Körper bleibt angespannt, die Wirbelsäule ist gerade und gestreckt.

• Die Endposition ist erreicht, sobald die Oberarme waagerecht sind. Position kurz halten.

• Anschließend werden die Bälle wieder aktiv zusammengerollt, achten Sie auf eine durchgehende Körperspannung während der gesamten Bewegung.

Übungen
Rücken & Schulter

Bauchlage – Nackendrücken

Trainierte Muskulatur: • Deltamuskel
                               • Armstrecker

Übungsausführung:

• Stellen Sie sich hinter einen Pezziball, legen Sie sich mit dem Bauch darauf und rollen so weit vorwärts bis sich nur noch die Füße darauf befinden. Die Hände wandern mit, die Arme sind am Ende der Bewegung durchgestreckt, die Schultern senkrecht über den Händen.

• Stabilisieren Sie Ihren kompletten Körper, so dass der Oberkörper eine gerade Linie mit den Beinen bildet. Ziehen Sie den Bauch-nabel leicht nach innen und spannen Sie Ihre Gesäßmuskulatur an.

• Rollen Sie den Ball durch eine Beugung in der Hüfte mit ge-streckten Beinen zu den Händen heran. Die eigentliche Ausgangs-position ist erreicht sobald der Oberkörper senkrecht ist.

• Jetzt wird der Oberkörper durch eine Beugung in den Ellenbogen langsam und kontrolliert nach unten abgesenkt. Endposition kurz halten und anschließend die Arme wieder durchdrücken.

Variationen:

• Wird während der Übungsausführung zusätzlich ein Fuß vom Ball abgehoben, so erhöht sich der koordinative Anspruch und die Durchführung der Übung wird deutlich erschwert.

Bauchlage – Armheben

<u>Trainierte Muskulatur:</u>   • Rückenstreckermuskulatur
                                   • Deltamuskel, hinterer Anteil
                                   • Kapuzen- & Rautenmuskel

<u>Übungsausführung:</u>

• Legen Sie sich mit dem Bauch über einen Pezziball und stützen sich mit den Händen davor ab.

• Die Knie sind durchgestreckt, die Füße aufgestellt, so dass sie den Oberkörper während der Bewegungsausführung abstützen.

• Richten Sie den Oberkörper langsam auf. Stabilisieren Sie dabei Ihren kompletten Körper, so dass der Oberkörper eine gerade Linie mit den Beinen bildet. Ziehen Sie den Bauchnabel leicht nach innen und spannen Sie Ihre Gesäßmuskulatur an.

• Aus dieser Position heben Sie die Arme seitlich an. Die Hände rotieren während der Bewegung leicht nach oben, so dass sie sich möglichst auf gleicher Höhe wie die Ellenbogen befinden. Am Ende der Bewegung ziehen sich die Schulterblätter aktiv zusammen. Endposition kurz halten, anschließend die Arme wieder langsam senken.

<u>Variationen:</u>

• Um die Bewegung etwas zu erschweren, können Sie in den Händen jeweils eine Kurzhantel halten.

Bauchlage – Schulter Auswärtsrotation

Trainierte Muskulatur:
- Untergrätenmuskel
- Aussenrotatoren der Schulter
- Deltamuskel, hinterer Anteil
  (Schultermuskulatur)

Übungsausführung:

- Legen Sie sich mit dem Bauch über einen Pezziball und stützen sich mit den Händen davor ab.

- Die Knie sind durchgestreckt, die Füße aufgestellt, so dass sie den Oberkörper während der Bewegungsausführung abstützen.

- Richten Sie den Oberkörper langsam auf. Stabilisieren Sie dabei Ihren kompletten Körper, so dass der Oberkörper mit den Beinen eine gerade Linie bildet. Ziehen Sie den Bauchnabel leicht nach innen und spannen Sie Ihre Gesäßmuskulatur an.

- Nehmen Sie die Oberarme seitlich nach oben, die geballten Fäuste zeigen senkrecht nach unten.

- Aus dieser Position rotieren die Hände nach vorne/oben, die Oberarme bleiben während der Bewegung waagerecht ausgerichtet. Endposition kurz halten, anschließend die Hände wieder langsam nach unten rotieren.

Variationen:

- Um die Bewegung etwas zu erschweren, können Sie in den Händen jeweils eine Kurzhantel halten.

Seitstütz – Frontheben

<u>Trainierte Muskulatur:</u> • Deltamuskel

<u>Übungsausführung:</u>

• Platzieren Sie Ihre Hüfte seitlich an einem Pezziball und stützen die Füße auf dem Boden ab. Das untere Bein ist vorne, das obere hinten. Die unteren Hand legen Sie über den Ball, in der oberen halten Sie eine Kurzhantel. Der obere Arm hängt vor dem Oberkörper nach unten.

• Der Oberkörper ist aufgerichtet und wird während der gesamten Bewegungsausführung von der Schulter bis zur Hüfte in einer geraden und stabilen Lage gehalten. Ziehen Sie den Bauchnabel leicht nach innen und spannen Sie Ihre Gesäßmuskulatur an.

• Aus dieser Position wird der obere Arm vor dem Oberkörper nach oben gehoben, der Ellenbogen ist während der Bewegung leicht gebeugt. Endposition kurz halten.

• Anschließend senken Sie den oberen Arm wieder langsam und kontrolliert ab.

Rückenlage – Überzug

Trainierte Muskulatur: • Deltamuskel
• Großer Brustmuskel
• Breiter Rückenmuskel
• Sägemuskel

Übungsausführung:

• Setzen Sie sich auf einen Pezziball und rollen langsam und kontrolliert nach hinten ab, so dass sich Ihr Rücken auf dem Ball befindet. Die Schulterblätter sind in Kontakt mit der Balloberseite.

• Die Füße stehen am Boden, die Hüfte ist nach oben gestreckt. Ziehen Sie den Bauchnabel leicht nach innen und spannen Sie Ihre Gesäßmuskulatur an.

• In den nach oben ausgetreckten Händen halten Sie jeweils eine Kurzhantel.

• Aus dieser Position werden die Hanteln langsam und kontrolliert hinter dem Kopf abgesenkt, die Ellenbogen sind dabei leicht gebeugt. Endposition kurz halten.

• Anschließend kehren Sie langsam in die Ausgangsposition zurück.

Variationen:

• Alternativ können Sie die Bewegung auch diagonal ausführen: während der eine Arm hinter den Kopf geführt wird, geht der andere seitlich neben den Oberkörper nach vorne.

Bauchlage – Armrückheben

Trainierte Muskulatur: • Deltamuskel, hinterer Anteil
• Kapuzen- & Rautenmuskel

Übungsausführung:

• Legen Sie sich mit dem Bauch über einen Pezziball und halten in den seitlich herabhängenden Händen jeweils eine Kurzhantel. Der Handrücken zeigt nach vorne.

• Die Knie sind durchgestreckt, die Füße aufgestellt, so dass sie den Oberkörper während der Bewegungsausführung abstützen.

• Richten Sie den Oberkörper langsam auf. Stabilisieren Sie dabei Ihren kompletten Körper, so dass der Oberkörper eine gerade Linie mit den Beinen bildet. Ziehen Sie den Bauchnabel leicht nach innen und spannen Sie Ihre Gesäßmuskulatur an.

• Aus dieser Position heben Sie die Kurzhanteln langsam und kontrolliert nach hinten an, die Ellenbogen sind dabei leicht gebeugt. Endposition kurz halten.

• Anschließend kehren Sie langsam und kontrolliert in die Ausgangsposition zurück.

Variationen:

• Sie können die Kurzhanteln entweder gerade nach hinten anheben oder während der Übung die Hände auswärts rotieren, so dass die Handrücken am Ende der Bewegung nach oben zeigen. Dies trainiert zusätzlich die Rotatorenmanschette der Schultermuskulatur.

Seitstütz – Latissimuszug

<u>Trainierte Muskulatur:</u> • Breiter Rückenmuskel

<u>Übungsausführung:</u>

• Platzieren Sie Ihre Hüfte seitlich auf einem Pezziball und stützen die Füße auf dem Boden ab. Das untere Bein ist im Kniegelenk nach hinten angewinkelt, das obere gestreckt. Mit dem unteren Oberarm legen Sie sich auf den Pezziball, der Ellenbogen ist dabei getreckt, die obere Hand stützt zur Stabilisierung auf dem Ball ab.

• Stabilisieren Sie Ihren kompletten Körper während der gesamten Bewegungsausführung, so dass der Oberkörper eine gerade Linie mit den Beinen bildet. Ziehen Sie den Bauchnabel leicht nach innen und spannen Sie Ihre Gesäßmuskulatur an.

• Aus dieser Position wird der untere Arm angewinkelt, der Ball rollt dabei vom Oberarm in Richtung Ellenbogen. In der Endposition ist der Ellenbogen nahezu senkrecht unter dem Schultergelenk. Der obere Arm kann zur Körperstabilisierung am Pezziball leicht aufgelegt bleiben.

• Endposition kurz halten, anschließend den Ball wieder über den Oberarm nach aussen rollen.

Rückenlage – Reverse Butterfly einseitig

<u>Trainierte Muskulatur:</u>
- Deltamuskel, hinterer Anteil
- Breiter Rückenmuskel
- Kapuzen- & Rautenmuskel
- Brustmuskulatur (bei Variante)

<u>Übungsausführung:</u>

- Setzen Sie sich auf einen Pezziball und rollen langsam und kontrolliert nach hinten ab, so dass sich Ihr Rücken auf dem Ball befindet. Die Schulterblätter sind in Kontakt mit der Balloberseite.

- Die Füße stehen am Boden, die Hüfte ist nach oben gestreckt. Ziehen Sie den Bauchnabel leicht nach innen und spannen Sie Ihre Gesäßmuskulatur an.

- Einen Arm strecken Sie nach oben aus, den anderen beugen Sie im Ellenbogen und halten ihn seitlich am Körper nach unten. Die Schulterachse ist in Richtung des angewinkelten Armes verdreht.

- Aus dieser Position rollen Sie mit den Schulterblättern dynamisch über den Ball und drücken sich abschließend mit dem Ellenbogen des vorher ausgestreckten Armes nach oben.

- Während der Bewegung rotiert der Oberkörper in der Hüfte, der vormals angewinkelte Arm streckt sich dynamisch nach oben.

- Anschließend kehren Sie langsam und kontrolliert in die Ausgangsposition zurück.

<u>Variationen:</u>

- Greifen Sie in der sich nach oben streckenden Hand eine Hantel.

Übungen
Arme

Stehend – Bizepscurl

<u>Trainierte Muskulatur:</u> • Armbeuger

<u>Übungsausführung:</u>

• Stellen Sie sich mit etwa einem Meter Abstand frontal vor eine Wand. Einen Pezziball nehmen Sie in Brusthöhe vor den Oberkörper und klemmen ihn zwischen den vorgestreckten Händen und der Wand ein.

• Stabilisieren Sie Ihren kompletten Körper während der gesamten Bewegungsausführung, so dass der Oberkörper eine gerade Linie mit den Beinen bildet. Ziehen Sie den Bauchnabel leicht nach innen und spannen Sie Ihre Gesäßmuskulatur an.

• Die Ellenbogen sind 90° gebeugt, die zur Faust geschlossenen Hände zeigen mit dem Handrücken zum Boden. Korrigieren Sie eventuell den Abstand der Füße so, dass der Körper leicht nach vorne geneigt ist.

• Jetzt wird der Pezziball durch Streckung der Arme nach unten gerollt. Anschließend wieder Druck auf den Ball aufbauen, Arme in den Ellenbogen beugen und den Ball nach oben rollen.

<u>Variationen:</u>

• Durch den Abstand der Füße zur Wand können Sie die Intensität der Übung variieren. Umso weiter Sie sich von der Wand entfernen, desto schwieriger wird die Bewegung. Der Körper bleibt während der gesamten Bewegung angespannt und von den Füßen bis zum Kopf gerade ausgerichtet.

Kniend – Trizepsdrücken

<u>Trainierte Muskulatur:</u> • Armstrecker

<u>Übungsausführung:</u>

• Knien Sie sich vor einen Pezziball, beugen Sie den Oberkörper nach vorne und stützen sich mit den Händen auf dem Ball ab. Die Arme sind in der Ausgangsposition durchgestreckt, der Oberkörper hat eine leichte Vorlage.

• Stabilisieren Sie Ihren kompletten Körper, so dass der Oberkörper während der gesamten Bewegungsausführung eine gerade Linie mit den Beinen bildet. Ziehen Sie den Bauchnabel leicht nach innen und spannen Sie Ihre Gesäßmuskulatur an.

• Jetzt verlagern Sie das Körpergewicht weiter nach vorne und beugen dabei die Arme im Ellenbogen. Die Oberarme halten Sie während der Bewegung dicht am Oberkörper. Die Endposition ist erreicht, sobald der Abstand zwischen Pezziball und Brustkorb nur noch wenige Zentimeter beträgt. Position kurz halten.

• Anschließend drücken Sie den Oberkörper durch eine Streckung in den Ellenbogen wieder langsam und kontrolliert nach oben.

<u>Variationen:</u>

• Durch den Abstand des Balles zu den Knien können Sie die Intensität der Übung variieren. Umso weiter Sie sich vom Ball entfernen, desto schwieriger wird die Ausführung. Der Körper bleibt während der gesamten Bewegung angespannt und von den Knien bis zum Kopf gerade ausgerichtet.

Stehend – Trizepsdrücken

<u>Trainierte Muskulatur:</u> • Armstrecker

<u>Übungsausführung:</u>

• Stellen Sie sich mit etwa einem Meter Abstand frontal vor eine Wand. Einen Pezziball nehmen Sie in Kopfhöhe vor den Oberkörper und klemmen ihn zwischen einer hochgestreckten Hand und der Wand ein.

• Der Arm ist gestreckt, der Handballen liegt auf dem Pezziball auf. Korrigieren Sie eventuell den Abstand der Füße so, dass der Körper leicht nach vorne geneigt ist.

• Stabilisieren Sie Ihren kompletten Körper, so dass der Oberkörper während der gesamten Bewegungsausführung eine gerade Linie mit den Beinen bildet. Ziehen Sie den Bauchnabel leicht nach innen und spannen Sie Ihre Gesäßmuskulatur an.

• Verlagern Sie jetzt das Körpergewicht weiter nach vorne und beugen dabei den Arm. Die Endposition ist erreicht, sobald der Arm maximal gebeugt ist. Position kurz halten.

• Anschließend drücken Sie den Oberkörper durch eine Streckung im Ellenbogen wieder von der Wand weg nach hinten.

<u>Variationen:</u>

• Durch den Abstand der Füße zur Wand können Sie die Intensität der Übung variieren. Umso weiter Sie sich von der Wand entfernen, desto schwieriger wird die Bewegung.

Übungen Flexibilität

Rückenlage – Bauchmuskeldehnung

<u>Gedehnte Muskulatur:</u> • Gerader Bauchmuskel

<u>Übungsausführung:</u>

• Setzen Sie sich auf einen Pezziball, rollen vorwärts und legen sich nach hinten auf den Rücken ab. Der Bereich der Lendenwirbelsäule hat Kontakt mit der Balloberseite.

• Lassen Sie den Kopf langsam nach hinten absinken, die Arme sind ebenfalls hinter dem Kopf und berühren den Boden.

Bauchlage – Rückendehnung

<u>Gedehnte Muskulatur:</u> • Rückenstreckermuskulatur

<u>Übungsausführung:</u>

• Legen Sie sich mit der Hüfte auf einen Pezziball und lassen die gestreckten Beine sowie den Oberkörper nach unten fallen.

• Die Zehenspitzen und Unterarme stabilisieren die Position.

Sitzend – Hüftbeugerdehnung

<u>Gedehnte Muskulatur:</u> • Hüftbeuger

<u>Übungsausführung:</u>

• Setzen Sie sich auf einen Pezziball und rutschen etwas auf eine Seite. Das innere Bein stellen Sie nach vorne, das äußere wird nahezu gestreckt nach hinten gestellt.

• In dieser Position verlagern Sie das Körpergewicht auf das vordere Bein und schieben die äußere Hüftseite aktiv nach vorne.

• Achten Sie darauf, dass die Hüfte gerade ausgerichtet ist und der Kniewinkel im vorderen Bein mindestens 90° beträgt.

Seitstütz – Rumpfdehnung

<u>Gedehnte Muskulatur:</u> • Schräge Bauchmuskulatur
• Großer Gesäßmuskel

<u>Übungsausführung:</u>

• Platzieren Sie Ihre Hüfte seitlich auf einem Pezziball und stützen die Füße auf dem Boden ab. Das untere Bein ist leicht nach vorne versetzt, das obere nach hinten.

• Legen Sie jetzt den Oberkörper seitlich über den Ball, die untere Hand stützt auf dem Boden ab, der obere Arm wird über den Kopf gestreckt. Achten Sie darauf, dass der Oberkörper gerade und die Hüfte gestreckt ist.

Rückenlage – Rumpfdehnung

<u>Gedehnte Muskulatur:</u> • Schräge Bauchmuskulatur
• Großer Gesäßmuskel

<u>Übungsausführung:</u>

• Legen Sie sich mit dem Rücken auf den Boden und platzieren die Unterschenkel auf den direkt an Ihrem Gesäß liegenden Pezziball. Klemmen Sie den Ball zwischen Ober- und Unterschenkel leicht ein. Die Arme sind seitlich vom Oberkörper weggestreckt.

• Aus dieser Position rollen Sie die Beine zur Seite, beide Schulterblätter bleiben in Kontakt mit dem Untergrund.

Stehend – Beinbeugerdehnung

<u>Gedehnte Muskulatur:</u> • Zweiköpfiger Schenkelmuskel

<u>Übungsausführung:</u>

• Stellen Sie sich schräg hinter einen Pezziball und platzieren einen Fuß auf der Oberseite. Der Oberkörper ist aufgerichtet.

• Indem Sie das aufgestellte Bein strecken, rollen Sie den Ball langsam vorwärts. Der Oberkörper wird dabei mit gerade aufgerichtetem Rücken in der Hüfte nach vorne gebeugt.

Stehend – Brust- & Rückendehnung

<u>Gedehnte Muskulatur:</u>   • Breiter Rückenmuskel
   • Großer Brustmuskel

<u>Übungsausführung:</u>

• Stellen Sie sich mit etwa einem Meter Abstand frontal vor eine Wand. Einen Pezziball nehmen Sie seitlich etwas versetzt in Kopfhöhe vor den Oberkörper. Mit einem abgewinkelten Arm drücken Sie ihn an die Wand.

• Aus dieser Position rollen Sie den Pezziball so weit nach oben bis der Arm gestreckt ist. Lehnen Sie sich etwas nach vorne. Durch leichte seitliche Verlagerung des Balles können Sie die Dehnung mehr auf den Rücken- oder die Brustmuskulatur ausrichten.

Kniend – Schulterdehnung

<u>Gedehnte Muskulatur:</u>   • Deltamuskel

<u>Übungsausführung:</u>

• Knien Sie sich neben einen Pezziball, das äußere Bein ist nach vorne aufgestellt. Die Hand des äußeren Armes liegt mit dem Handrücken auf dem Ball.

• Beugen Sie jetzt den Oberkörper nach vorne, den Ball rollen Sie dabei mit der Hand und dem Unterarm von sich weg.

Anhang

Anatomie
Muskelübersicht

Dargestellt sind die oberflächlichen Muskelgruppen, die bei den Übungen mit dem Pezziball im wesentlichen trainiert werden.

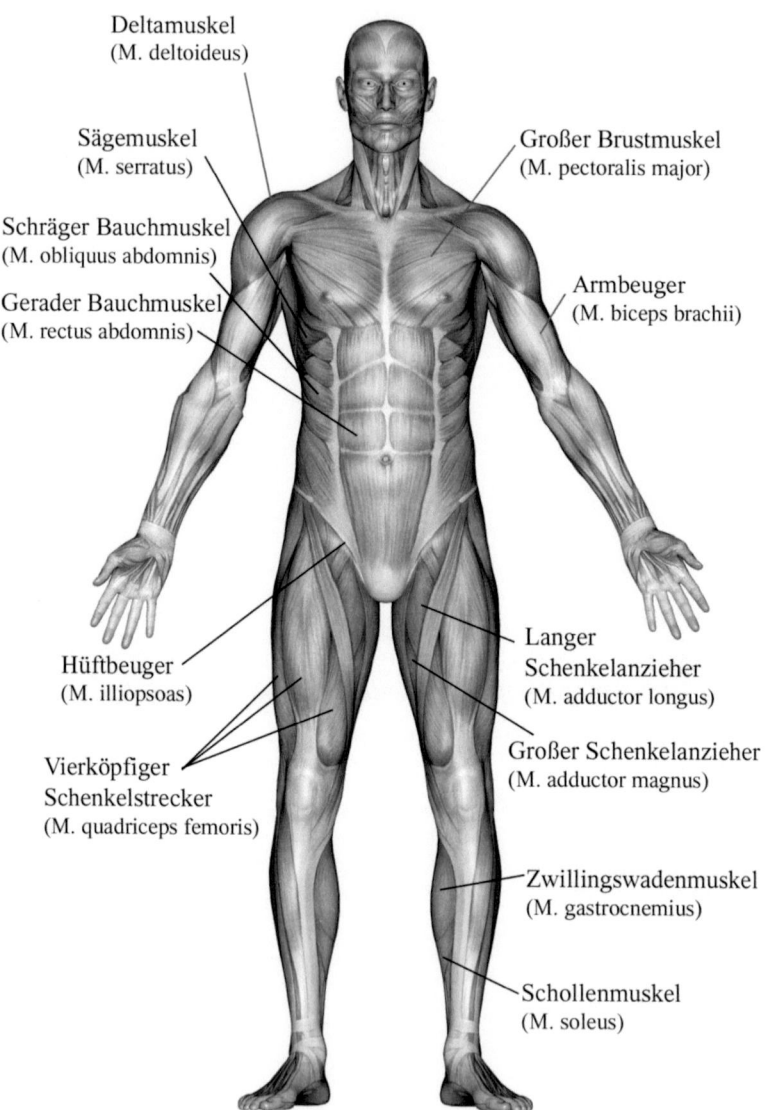

Deltamuskel
(M. deltoideus)

Sägemuskel
(M. serratus)

Schräger Bauchmuskel
(M. obliquus abdomnis)

Gerader Bauchmuskel
(M. rectus abdomnis)

Großer Brustmuskel
(M. pectoralis major)

Armbeuger
(M. biceps brachii)

Hüftbeuger
(M. illiopsoas)

Vierköpfiger
Schenkelstrecker
(M. quadriceps femoris)

Langer
Schenkelanzieher
(M. adductor longus)

Großer Schenkelanzieher
(M. adductor magnus)

Zwillingswadenmuskel
(M. gastrocnemius)

Schollenmuskel
(M. soleus)

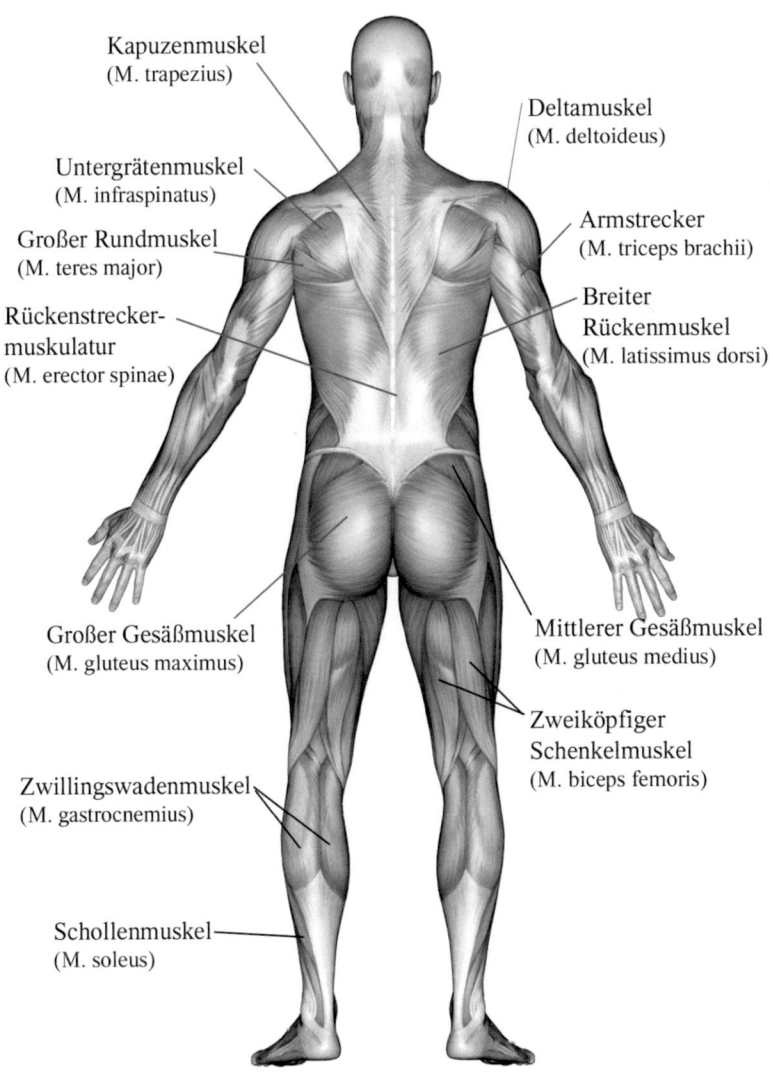

Kapuzenmuskel
(M. trapezius)

Deltamuskel
(M. deltoideus)

Untergrätenmuskel
(M. infraspinatus)

Großer Rundmuskel
(M. teres major)

Armstrecker
(M. triceps brachii)

Rückenstrecker-
muskulatur
(M. erector spinae)

Breiter
Rückenmuskel
(M. latissimus dorsi)

Großer Gesäßmuskel
(M. gluteus maximus)

Mittlerer Gesäßmuskel
(M. gluteus medius)

Zweiköpfiger
Schenkelmuskel
(M. biceps femoris)

Zwillingswadenmuskel
(M. gastrocnemius)

Schollenmuskel
(M. soleus)

Literatur / Internet

Literatur

Delavier, Frederic: Muskel Guide – Gezieltes Krafttraining, Anatomie; blv Verlagsgesellschaft; München 2003

Freese, Jens: Medizinische Fitness; Deutscher Trainer Verlag; Köln 2006

Goldenberg, Lorne; Twist, Peter: Strenght Ball Training - Second Edition; Human Kinetics Verlag; Champaign, USA 2007

Häfelinger, Ulla: DTB-Kursleiter/in Pilates Skript Einsteigerkurs; DTB Akademie; Frankfurt

Häfelinger, Ulla: DTB-Kursleiter/in Pilates Skript Aufbaukurs; DTB Akademie; Frankfurt

Platzer, Werner: Taschenatlas Anatomie – Band 1 Bewegungs-apparat; Thieme Verlag; Stuttgart 2005

Röwekamp, Andrea: Theraband & Pezziball; Copress Verlag; München 2005

Schurr, Stefan: Kraft & Beweglichkeit im Ausdauersport; BoD Verlag; Norderstedt 2005

Verstegen, Mark; Williams, Pete: Das Core Programm; Südwest Verlag; München 2007

Internet

www.coreperformance.com

www.fitness.com

www.youtube.de

www.ridgelinefitness.com